Underfundige

Rim og vers

For børn

Underfundige

Rim, vers

Susanne Reichhardt

Illustration Kamilla Heinze

Velkommen til

“Underfundige Rim &

Vers”

For børn.

God fornøjelse

med læsningen

Stopper med at shoppe,

hellere lege med

Hoppen.

Ride og kysse på

den.

Er nemt, at være sammen

med hoppen,

heller ikke kan lide

At shoppe.

Farmor plukker bær

hun plukker blomster

hun hiver ukrudt op

Farmor plukker bryn

løber stærkt sammen

med bjørnen.

Hun fanger fisken sammen

med ørnen,

mens hun

passer børnene.

Mormor er sej.
Hun klipper hækken,
mens hun vasker
tæer.

Hun står på hovedet,
mens hun klipper
naboens hår.

Slår vejrmøller
stopper sokker,
mens børnene kan
lugte hendes
sure tæer.

Katten i sækken,

sørger for

Ingen kommer gennem

Hækken.

Katten hopper

ned i sækken,

hver gang folk går

Forbi hækken

Drengene og pigerne løber rundt,

på græsset hvor de bor.

Hinker og sjipper rundt om måtten,

der ligner

pelsen på rotten.

Hvalen viser sine kunster

ude i horisonten,

Kommer op fra havet.

Foran pigerne på stranden.

Hvalen kommer tættere på.

Pigerne får et chok, hyler

Op, da hvalen kaster dem,

op på træets top.

Mads falder ned

ad trappen, slår

hovedet slemt,

vågner op, han

har fået en helt

Ny krop.

Er du nær

er jeg kær.

Er du væk, er jeg

en sæk, der er svær

at få væk.

Tanker er ikke

nemme at forstå,

griber dem ud af

det blå. Det er

svært at forstå

Solen og vinden kommer.

regnen og blæsten,

går væk.

Torden, en pokkers

larm, men så stråler

solen mild og varm

Tager turen til Budapest,

hesten forgifter

mig med pesten.

Jeg drøner hurtigt

hjem, på hovedet

I seng.

På Manhattan,

syer de hatte, med fjer

Sløjfer med perler og mønter på.

Når de er færdige, hænger de dem

på stolper, snore og ledninger.

Mens spøgelserne huserer rundt om natten

Gaderne, et festfyrværkeri af smukke

sager, svæver rundt om Manhattan.

Alt imens spøgelserne leger kispus om natten

Dikke dig
ikke noget for mig,
at lege med din nikke
dukke. Så leg uden
mig.

Nikke dig, vil du
gå samme vej som mig?
Til verdens ende, hvor vi
leger en leg, der er lige
dig.

Lærer dig nye
ting, vi er venner
for livet.

Hr. Møller, kan du række os
øller og sodavand.
Brug for drikkevarer, til at
slukke tørsten
med.

Han hopper ned i kælderen,
svinger øl og sodavand op,
ser hans svedige krop,
har givet op.

Hr. Møller en kærlig og
heldig mand. Han kan stoppe imens
legen er god, tilsammen med
kone nummer to.

Boom

Se når unge mennesker spiller,

salen svinger rundt om hallens

indre linjer.

Der bliver spillet på bas, trommer og fløjte,

lyder skønt, børn og voksne får gåsehud,

Når vi hører på skønne tenorer.

Taget letter, falder

bagover af begejstring, når

unge mennesker leverer,

deres livs optræden.

Kærligheden er som roser,

stærke og seje som

vinden i håret.

Når unge mennesker elsker hinanden,

er som statuetten af et

mesterværk.

.

De nye generationer giver lektion i,

hvordan planeten

fungerer, som magneten, rundt

om jordens klode, hvor

vi lever og bor.

Forlag: BoD • Books on Demand GmbH, In de Tarpen 42, 22848 Norderstedt, Tyskland
Tryk: Libri Plureos GmbH, Friedensallee 273, 22763 Hamborg, Tyskland
ISBN: 978-87-4305-863-2